創意小畫家系列

廣告顏料

M. Àngels Comella 著

本局編輯部 譯

三民書局

國家圖書館出版品預行編目資料

廣告顏料 / M.Àngels Comella著;三民書局編輯部
譯.－－初版五刷.－－臺北市: 三民, 2011
　　面;　公分－－(小普羅藝術叢書. 創意小畫家
系列)

ISBN 978-957-14-2854-3　(精裝)
1.美術－教學法 2.繪畫－西洋－技法

523.37　　　　　　　　　　　　　87005794

ⓒ　廣　告　顏　料

著 作 人	M.Àngels Comella
譯　　者	三民書局編輯部
發 行 人	劉振強
著作財產權人	三民書局股份有限公司
發 行 所	三民書局股份有限公司
	地址　臺北市復興北路386號
	電話　(02)25006600
	郵撥帳號　0009998-5
門 市 部	(復北店)臺北市復興北路386號
	(重南店)臺北市重慶南路一段61號
出版日期	初版一刷　1998年8月
	初版五刷　2011年6月
編　　號	S 940721

行政院新聞局登記證局版臺業字第○二○○號

有著作權·不准侵害

ISBN　978-957-14-2854-3　(精裝)

http://www.sanmin.com.tw　三民網路書店
※本書如有缺頁、破損或裝訂錯誤,請寄回本公司更換。

Original Spanish title: Témperas
Original Edition © PARRAMON EDICIONES, S.A. Barcelona, España
World rights reserved
© Copyright of this edition: SAN MIN BOOK CO., LTD. Taipei, Taiwan.

廣告顏料是一種可以溶解於水中的畫畫顏料，它能夠迅速而且完全不透明地覆蓋我們的畫布表面。廣告顏料還有另外一個特點，那就是，它能輕而易舉地被我們清除掉喔！

由於廣告顏料具備上面所說的這些特點，所以它便成為最通用的畫畫工具之一。除此以外，在無數的技術應用以及其它藝術造型的創作方面，廣告顏料也同樣地被廣泛運用喲！

我們如果把廣告顏料的各種色彩互相混合，便可以得到無限多種的色調，甚至可以創造出各種新的色彩呢！它那濃稠細密的顏料，可以讓我們隨心所欲地調配。我們更可以把它和其它各種的工具，例如：畫筆、滾筒、海棉，或是自己的雙手結合起來，運用在紙、紙板、透明壓克力板、鋁箔紙、木頭等等的各種畫材上。

不管是小到非常細的線條，甚至是最精密細巧的圖案，或者是大到非常巨幅的版面，有了廣告顏料，我們便可以非常快速、簡捷，而且有效率地完成我們的畫了。

簡單又多彩，
使用廣告顏料來畫畫，
是一個好選擇喲！

利用廣告顏料可以創造出各種不同的效果喲！ • • • • • • • •

可以和廣告顏料一起使用的工具有：

● 一種特別的鴨嘴筆。

● 細的畫筆。

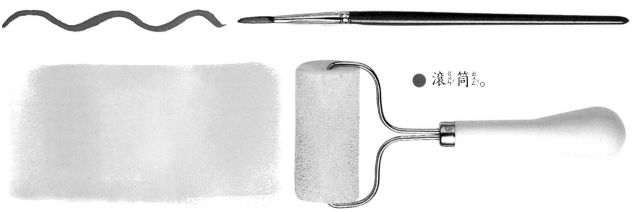

● 滾筒。

● 粗的畫筆。

或是刮刀。

你也可以：

●隨興地把它塗在某一個
　　　　表面上。

●或是用
另外一個
顏色，來覆蓋
住先前的顏色。

●也可以用混合顏色的方法。

不同濃度的顏料會產生不同的色調喔！

●如果我們在顏料裡加了很多水，
　顏色看起來便會像這樣非常的淡喲！

這是調
●得比較
濃的顏料。

●或者我們只在顏料中加進一點點的水。

我們可以利用不同的工具，創造出各式各樣的圖案和紋路喔！

我們可以用牙刷來刷顏料。

或者用拇指頭來回撥動沾了顏料的牙刷毛，把顏料噴灑在紙上。

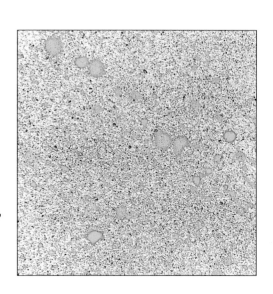

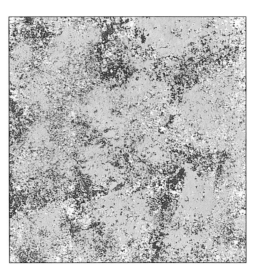

海棉也可以產生一些有趣的紋路喲！

我們可以用滾筒來造成平滑的表面。

用蘆葦的末端，可以創造出不規則的紋路。

我們可以利用廣告顏料印出圖案來。

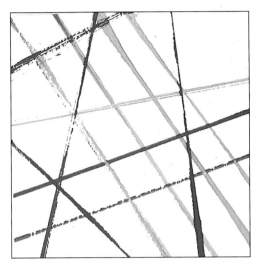

試試看用尺的邊緣，印出一些又長又細的直線吧！

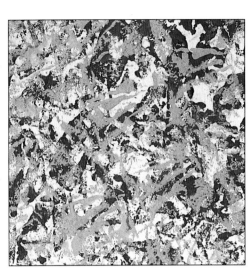

或是把布緊緊地裹成一顆小球。

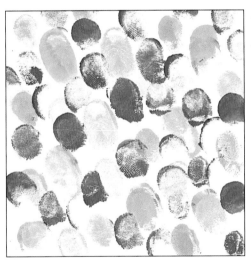

也可以用手指頭。

這些圖案是用尺的邊緣在紙上拖拉造成的喔！

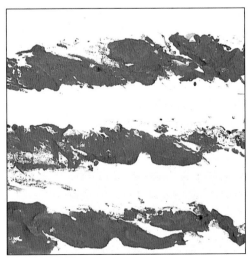

我們可以把紙捲起來。

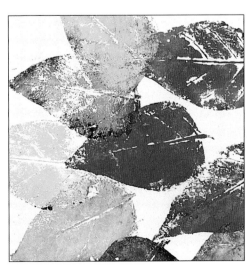

或是利用沾滿了廣告顏料的葉子。

如果我們在塗顏料以前，留白*或遮蓋住一部分的圖畫，等顏料乾了以後，再把遮蓋物移開，也可以創造出許多的圖案喔！

這個圖案是利用條狀的遮蓋膠帶，把沒有被遮住的方塊著色做成的。

在這裡，從遮蓋膠帶上剪下來的葉子，被拿來當作遮蓋物使用。

使用塗了顏色的紙張。當我們把遮蓋物移開的時候，底下紙張的顏色便會顯露出來了。

我們可以在廣告顏料上撒些小亮片喲！

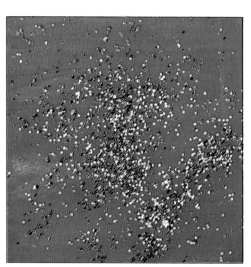

也可以用牙籤或是筆尖，在塗好的一層廣告顏料上刮出圖形來。

發明新技巧的最好方法便是利用廣告顏料來表現出你自己的點子喔！在這裡有一些提示可以幫助你開始。

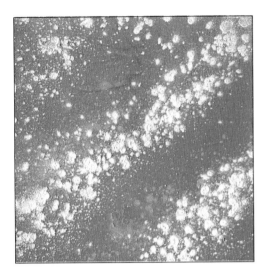

我們把滑石粉撒在還沒有乾的廣告顏料上。

趁第一個顏色還沒有乾的時候，再塗上第二個顏色。

也可以在木板上畫畫。

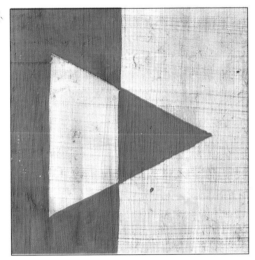

或是對著溼溼的顏料吹氣。

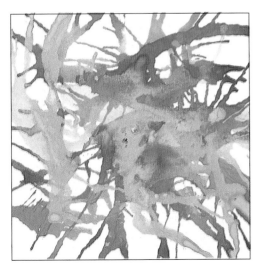

先塗上一層混合了壁紙黏膠的廣告顏料，再用梳子刮出圖案來。

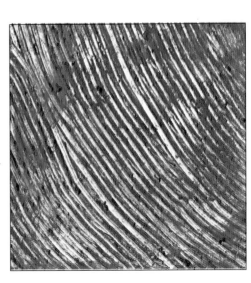

從第12頁到第31頁，我們會一步步地來解說這些技巧。

厚重的……
廣告顏料和洗衣粉

細部清楚的……
透明壓克力板上的
廣告顏料

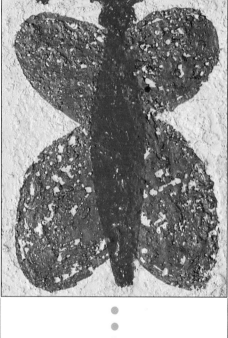

纖細的……
用廣告顏料打點

新奇有趣的……
鋁箔紙上的廣告顏料

強而有力的……
刮掉的廣告顏料

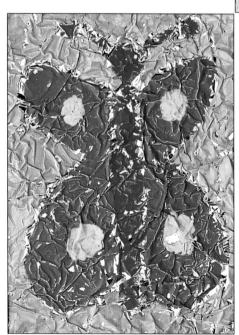

有ㄧ點ㄉㄧㄢˇ散ㄙㄢˋ開ㄎㄞ的ㄉㄜ˙……
如ㄖㄨˊ何ㄏㄜˊ利ㄌㄧˋ用ㄩㄥˋ滾ㄍㄨㄣˇ筒ㄊㄨㄥˇ

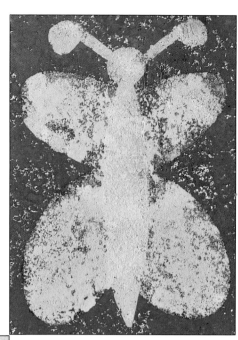

乾ㄍㄢ淨ㄐㄧㄥˋ清ㄑㄧㄥ楚ㄔㄨˇ的ㄉㄜ˙……
白ㄅㄞˊ紙ㄓˇ上ㄕㄤˋ的ㄉㄜ˙廣ㄍㄨㄤˇ告ㄍㄠˋ顏ㄧㄢˊ料ㄌㄧㄠˋ

有ㄧㄡˇ斑ㄅㄢ點ㄉㄧㄢˇ的ㄉㄜ˙……
海ㄏㄞˇ棉ㄇㄧㄢˊ

老ㄌㄠˇ舊ㄐㄧㄡˋ過ㄍㄨㄛˋ時ㄕˊ的ㄉㄜ˙……
阿ㄚ拉ㄌㄚ伯ㄅㄛˊ樹ㄕㄨˋ膠ㄐㄧㄠ*上ㄕㄤˋ的ㄉㄜ˙
廣ㄍㄨㄤˇ告ㄍㄠˋ顏ㄧㄢˊ料ㄌㄧㄠˋ

優ㄧㄡ雅ㄧㄚˇ的ㄉㄜ˙……
混ㄏㄨㄣˋ合ㄏㄜˊ各ㄍㄜˋ種ㄓㄨㄥˇ技ㄐㄧˋ巧ㄑㄧㄠˇ的ㄉㄜ˙
拼ㄆㄧㄣ貼ㄊㄧㄝ畫ㄏㄨㄚˋ

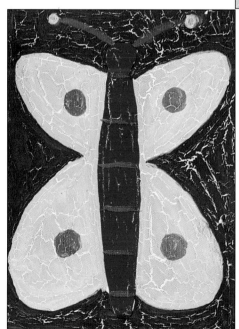

當ㄉㄤ然ㄖㄢˊ還ㄏㄞˊ有ㄧㄡˇ許ㄒㄩˇ多ㄉㄨㄛ種ㄓㄨㄥˇ
不ㄅㄨˋ一ㄧ樣ㄧㄤˋ的ㄉㄜ˙方ㄈㄤ法ㄈㄚˇ喔ㄛ˙！

現ㄒㄧㄢˋ在ㄗㄞˋ，讓ㄖㄤˋ我ㄨㄛˇ們ㄇㄣ˙一ㄧ
起ㄑㄧˇ把ㄅㄚˇ這ㄓㄜˋ些ㄒㄧㄝ美ㄇㄟˇ麗ㄌㄧˋ的ㄉㄜ˙
蝴ㄏㄨˊ蝶ㄉㄧㄝˊ創ㄔㄨㄤˋ造ㄗㄠˋ出ㄔㄨ來ㄌㄞˊ吧ㄅㄚ˙！

在我們開始畫畫以前，先用一塊布把透明壓克力板的兩面清潔乾淨。

1

把透明壓克力板的一面塗黑，等顏料乾了以後，再用牙籤或筆尖刮出圖案來。

2

然後把透明壓克力板翻面，用廣告顏料把刮出的圖案塗上顏色。

3

再把透明壓克力板翻回塗黑的那一面，這樣子你的圖案就完成了耶！

因為壓克力的可以所以顏案背色起。

為透克力兩面著以塗色的不會和景的混在

明板都色上圖和黑一在

混合了洗衣粉的廣告顏料可以創造出特別的紋路喔！
在這個技巧中，我們也可以把洗衣粉換成沙子、灰泥或是膠水。

1
我們在廣告顏料中加入一些些洗衣粉，然後用刮刀把它塗抹在紙上。

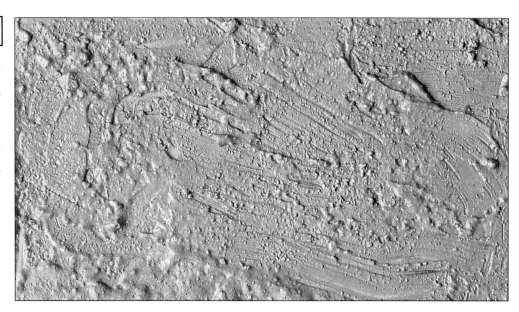

2
等顏料乾了以後，我們用綠色的顏料畫出葉子的形狀來。

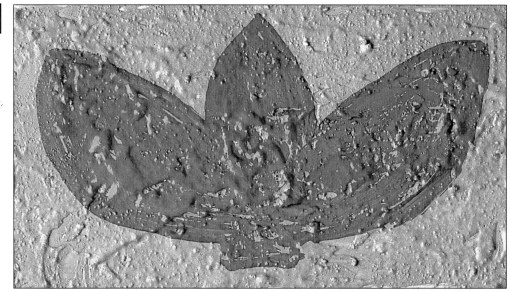

3
等第二層顏料乾了以後，我們再加上葉子的細部。

4

你3可2以一用2
這4個2技1巧2，
創2造1出1一一
幅2像1這4樣1
的2有1紋2路2
畫2喔2！

在這個技巧中，你需要一枝非常細的畫筆和很多的耐心喲！在這裡，我們要用小點來構成一幅畫。

1 我們用遮蓋膠帶隔出兩個三角形，著色以後當作背景。

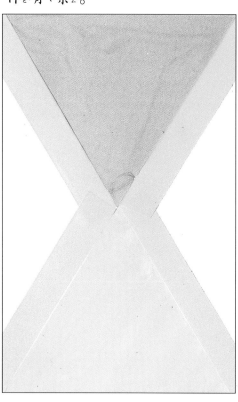

2 等顏料乾了以後，移開膠帶，把留白*的三角形著色。

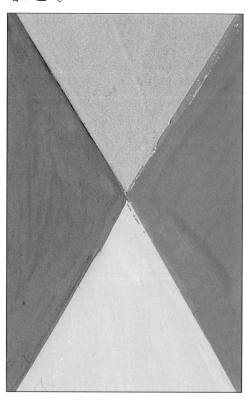

3 沿著三角形的邊緣來畫。

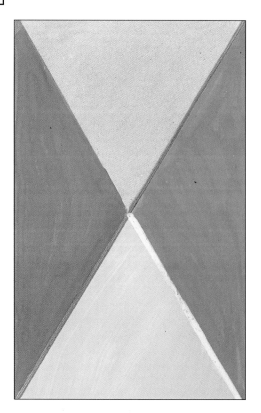

4 用小點把每個三角形填滿。

5

當我們從
遠處觀看
這幅畫的
時候，不
同顏色的
點看起來
好像混在
一起了耶！

當ㄉㄤ我ㄨㄛˇ們ㄇㄣ在ㄗㄞˋ白ㄅㄞˊ紙ㄓˇ上ㄕㄤˋ著ㄓㄨㄛˊ色ㄙㄜˋ的ㄉㄜ˙時ㄕˊ候ㄏㄡˋ，可ㄎㄜˇ以ㄧˇ保ㄅㄠˇ留ㄌㄧㄡˊ一ㄧ部ㄅㄨˋ分ㄈㄣ
不ㄅㄨˋ要ㄧㄠˋ著ㄓㄨㄛˊ色ㄙㄜˋ，來ㄌㄞˊ創ㄔㄨㄤˋ造ㄗㄠˋ出ㄔㄨ白ㄅㄞˊ色ㄙㄜˋ的ㄉㄜ˙輪ㄌㄨㄣˊ廓ㄎㄨㄛˋ。

1

我ㄨㄛˇ們ㄇㄣ先ㄒㄧㄢ用ㄩㄥˋ鉛ㄑㄧㄢ筆ㄅㄧˇ在ㄗㄞˋ白ㄅㄞˊ紙ㄓˇ上ㄕㄤˋ畫ㄏㄨㄚˋ出ㄔㄨ一ㄧ個ㄍㄜˋ簡ㄐㄧㄢˇ單ㄉㄢ的ㄉㄜ˙圖ㄊㄨˊ。

2

除ㄔㄨˊ了ㄌㄜ˙鉛ㄑㄧㄢ筆ㄅㄧˇ的ㄉㄜ˙線ㄒㄧㄢˋ條ㄊㄧㄠˊ不ㄅㄨˋ要ㄧㄠˋ著ㄓㄨㄛˊ色ㄙㄜˋ以ㄧˇ外ㄨㄞˋ，我ㄨㄛˇ們ㄇㄣ可ㄎㄜˇ以ㄧˇ用ㄩㄥˋ廣ㄍㄨㄤˇ告ㄍㄠˋ顏ㄧㄢˊ料ㄌㄧㄠˋ把ㄅㄚˇ其ㄑㄧˊ它ㄊㄚ部ㄅㄨˋ分ㄈㄣ著ㄓㄨㄛˊ色ㄙㄜˋ。

3

等ㄉㄥˇ顏ㄧㄢˊ料ㄌㄧㄠˋ乾ㄍㄢ了ㄌㄜ˙以ㄧˇ後ㄏㄡˋ，擦ㄘㄚ去ㄑㄩˋ鉛ㄑㄧㄢ筆ㄅㄧˇ的ㄉㄜ˙線ㄒㄧㄢˋ條ㄊㄧㄠˊ，底ㄉㄧˇ下ㄒㄧㄚˋ紙ㄓˇ張ㄓㄤ的ㄉㄜ˙白ㄅㄞˊ色ㄙㄜˋ便ㄅㄧㄢˋ會ㄏㄨㄟˋ顯ㄒㄧㄢˇ露ㄌㄨˋ出ㄔㄨ來ㄌㄞˊ了ㄌㄜ˙。

4 我ㄨㄛˇ們ㄇㄣˊ可ㄎㄜˇ以ㄧˇ讓ㄖㄤˋ某ㄇㄡˇ些ㄒㄧㄝ形ㄒㄧㄥˊ狀ㄓㄨㄤˋ像ㄒㄧㄤˋ線ㄒㄧㄢˋ條ㄊㄧㄠˊ一ㄧˊ樣ㄧㄤˋ留ㄌㄧㄡˊ白ㄅㄞˊ喔ㄛ˙！

利用滾筒，我們可以很快地把一張張的白紙變成有顏色的紙喔！我們用混色來產生更多的新顏色。

1

把滾筒沾滿廣告顏料，然後滾過白紙。我們可以做幾張不同顏色的紙，然後讓顏料乾。

2

當我們把紙撕開的時候，白紙便會沿著撕開的邊緣露出來。

3

我們可以把紙撕成各種不同的形狀和大小。

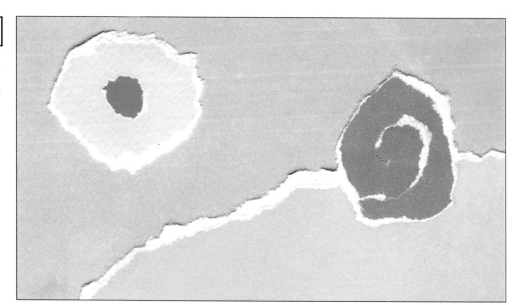

4

用紙做一幅可有趣畫*。

利小來做一幅可有趣畫*。

後些片，成一又貼

然後這些片，成愛拼

用(ㄩㄥˋ)紙(ㄓˇ)做(ㄗㄨㄛˋ)一幅(ㄈㄨˊ)可(ㄎㄜˇ)有(ㄧㄡˇ)趣(ㄑㄩˋ)畫(ㄏㄨㄚˋ)*。

利(ㄌㄧˋ)小(ㄒㄧㄠˇ)來(ㄌㄞˊ)做(ㄗㄨㄛˋ)幅(ㄈㄨˊ)有(ㄧㄡˇ)趣(ㄑㄩˋ)

後(ㄏㄡˋ)些(ㄒㄧㄝ)片(ㄆㄧㄢˋ)，成(ㄔㄥˊ)一又(ㄧㄡˋ)貼(ㄊㄧㄝ)

然(ㄖㄢˊ)後這(ㄓㄜˋ)些片(ㄆㄧㄢˋ)，成愛(ㄞˋ)拼(ㄆㄧㄣ)

利ㄌㄧˋ用ㄩㄥˋ海ㄏㄞˇ棉ㄇㄧㄢˊ來ㄌㄞˊ著ㄓㄨˋ色ㄙㄜˋ，可ㄎㄜˇ以ㄧˇ創ㄔㄨㄤˋ造ㄗㄠˋ出ㄔㄨ一ㄧ些ㄒㄧㄝ很ㄏㄣˇ特ㄊㄜˋ別ㄅㄧㄝˊ的ㄉㄜ紋ㄨㄣˊ路ㄌㄨˋ喔ㄛ！

1 先ㄒㄧㄢ畫ㄏㄨㄚˋ出ㄔㄨ一ㄧ個ㄍㄜˋ像ㄒㄧㄤˋ下ㄒㄧㄚˋ圖ㄊㄨˊ的ㄉㄜ底ㄉㄧˇ稿ㄍㄠˇ，把ㄅㄚˇ每ㄇㄟˇ個ㄍㄜˋ框ㄎㄨㄤ框ㄎㄨㄤ標ㄅㄧㄠ明ㄇㄧㄥˊ出ㄔㄨ來ㄌㄞˊ，然ㄖㄢˊ後ㄏㄡˋ一ㄧ個ㄍㄜˋ一ㄧ個ㄍㄜˋ剪ㄐㄧㄢˇ下ㄒㄧㄚˋ來ㄌㄞˊ當ㄉㄤ作ㄗㄨㄛˋ模ㄇㄛˊ型ㄒㄧㄥˊ。

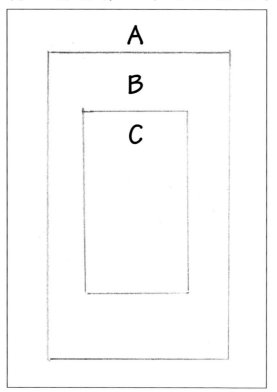

2 先ㄒㄧㄢ用ㄩㄥˋ海ㄏㄞˇ棉ㄇㄧㄢˊ在ㄗㄞˋ畫ㄏㄨㄚˋ紙ㄓˇ上ㄕㄤˋ塗ㄊㄨˊ一ㄧ層ㄘㄥˊ藍ㄌㄢˊ色ㄙㄜˋ，等ㄉㄥˇ顏ㄧㄢˊ料ㄌㄧㄠˋ乾ㄍㄢ。

3 把ㄅㄚˇ框ㄎㄨㄤ框ㄎㄨㄤA放ㄈㄤˋ在ㄗㄞˋ圖ㄊㄨˊ畫ㄏㄨㄚˋ上ㄕㄤˋ，用ㄩㄥˋ海ㄏㄞˇ棉ㄇㄧㄢˊ把ㄅㄚˇ圍ㄨㄟˊ起ㄑㄧˇ來ㄌㄞˊ的ㄉㄜ長ㄔㄤˊ方ㄈㄤ形ㄒㄧㄥˊ塗ㄊㄨˊ成ㄔㄥˊ黃ㄏㄨㄤˊ色ㄙㄜˋ。讓ㄖㄤˋ顏ㄧㄢˊ料ㄌㄧㄠˋ乾ㄍㄢ。

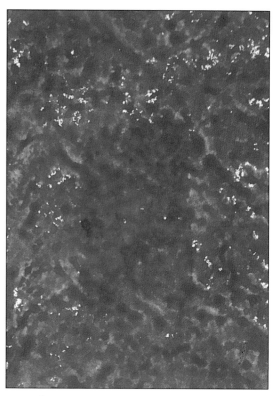

4 再ㄗㄞˋ蓋ㄍㄞˋ上ㄕㄤˋ框ㄎㄨㄤ框ㄎㄨㄤB，用ㄩㄥˋ海ㄏㄞˇ棉ㄇㄧㄢˊ擦ㄘㄚ一ㄧ擦ㄘㄚ中ㄓㄨㄥ間ㄐㄧㄢ的ㄉㄜ長ㄔㄤˊ方ㄈㄤ形ㄒㄧㄥˊ，讓ㄖㄤˋ底ㄉㄧˇ下ㄒㄧㄚˋ的ㄉㄜ藍ㄌㄢˊ色ㄙㄜˋ隱ㄧㄣˇ隱ㄧㄣˇ約ㄩㄝ約ㄩㄝ顯ㄒㄧㄢˇ露ㄌㄨˋ出ㄔㄨ來ㄌㄞˊ。

5

瞧！這張畫用不同形狀型的是很呢？

這是種種形狀模成！是單畫各同的耶！是不簡的做呢？

鋁箔紙是塗廣告顏料的好表面。

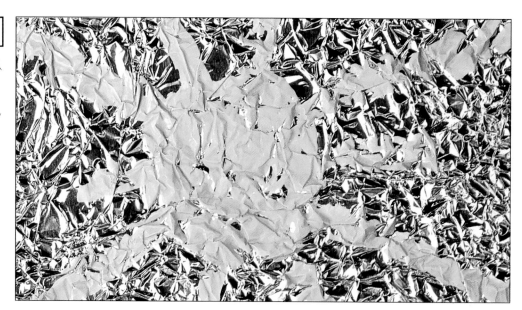

1

在開始畫畫以前，我們先把鋁箔紙弄縐了再攤平。

2

現在，我們可以畫上背景了。

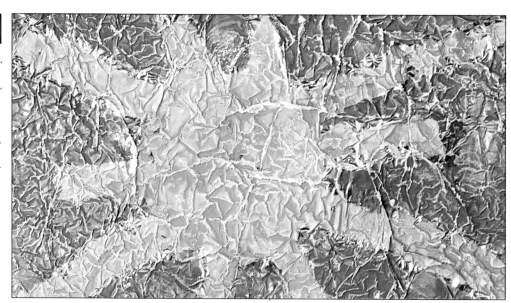

3

在這裡，我們要塗好幾層的顏料。記得喔！要等前一層顏料乾了以後，再塗下一層。

4 等空整型張業畫系都刻乾等了望以一後安，如要果學你型不刻打型算等再最修炎改聚了望，便完可到以一拿引白色色色蠟系筆型輕型輕型地型擦型過學圖型畫系的型表型面景。

這型樣型子，可以以一讓型鋁型箔多紙型的望摺型痕型變景得型更型加制明显顯型喲！

如要果學你型畫系錯學了望乾等，可到以一把型鋁型箔多紙型放學在學水學龍型頭型下型沖型洗工；

等空畫系乾等了望以一後安，就型可型以一再最重型新型開型始型畫系囉！

就像第12頁的示範，我們在透明壓克力板上使用廣告顏料，可以創造出兩種不同的效果喲！

1 把一面塗上黑色廣告顏料。乾了以後，再刮出圖案來。

2 或者刮去大部分的黑色，只留下一些線條。

3 然後把透明壓克力板翻面，用不同顏色的廣告顏料來著色。

4 再把透明壓克力板翻面，如果你不喜歡這些顏色，用溼布擦一下，便可以修改了。

5

畫ㄏㄨㄚˋ好ㄏㄠˇ了ㄌㄜ˙以ㄧˇ後ㄏㄡˋ，圖ㄊㄨˊ中ㄓㄨㄥ的ㄉㄜ˙黑ㄏㄟ色ㄙㄜˋ線ㄒㄧㄢˋ條ㄊㄧㄠˊ看ㄎㄢˋ起ㄑㄧˇ來ㄌㄞˊ好ㄏㄠˇ像ㄒㄧㄤˋ是ㄕˋ印ㄧㄣˋ刷ㄕㄨㄚ上ㄕㄤˋ去ㄑㄩˋ的ㄉㄜ˙耶ㄧㄝˊ！

阿拉伯樹膠來自洋槐樹。當我們用廣告顏料塗過阿拉伯樹膠的時候，會產生令人驚奇的紋路喔！

1

先用阿拉伯樹膠覆蓋住整張畫紙。等樹膠乾了以後，我們便可以用廣告顏料在上面畫畫了。

2

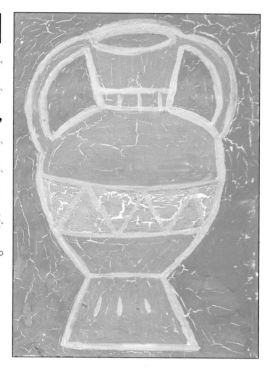

我們可以把背景著色，然後在這張畫上，加上細小的部分。

3

仔細觀察一下這張畫，注意看看顏料乾了以後，顏色裂開的情形。

4

這種畫畫的技巧，會使這張畫看起來非常老舊喔！

我們可以在一張畫裡使用許多種不同的技巧喲！

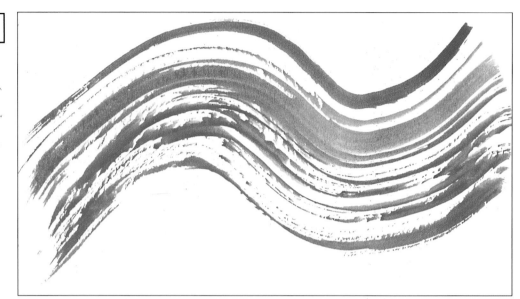

1

在這裡，我們用沾了深藍色和淺藍色的扁平畫筆，畫出了一個波浪。

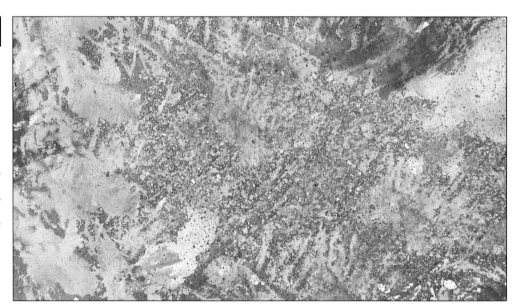

2

用各種不同的技巧做出幾個樣本來。我們可以用牙刷，把顏料噴灑在畫紙上。想想看，還有沒有別的技巧呢？

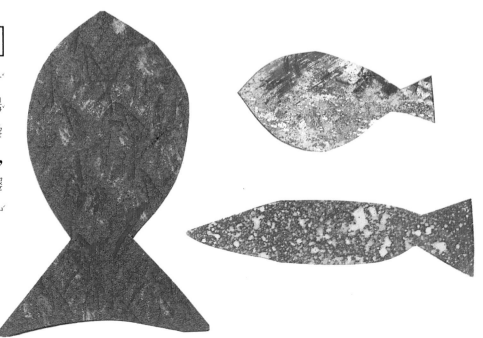

3

等顏料乾了以後，把畫紙剪成各種不同的形狀。在這裡，我們剪了許多大大小小的魚兒。

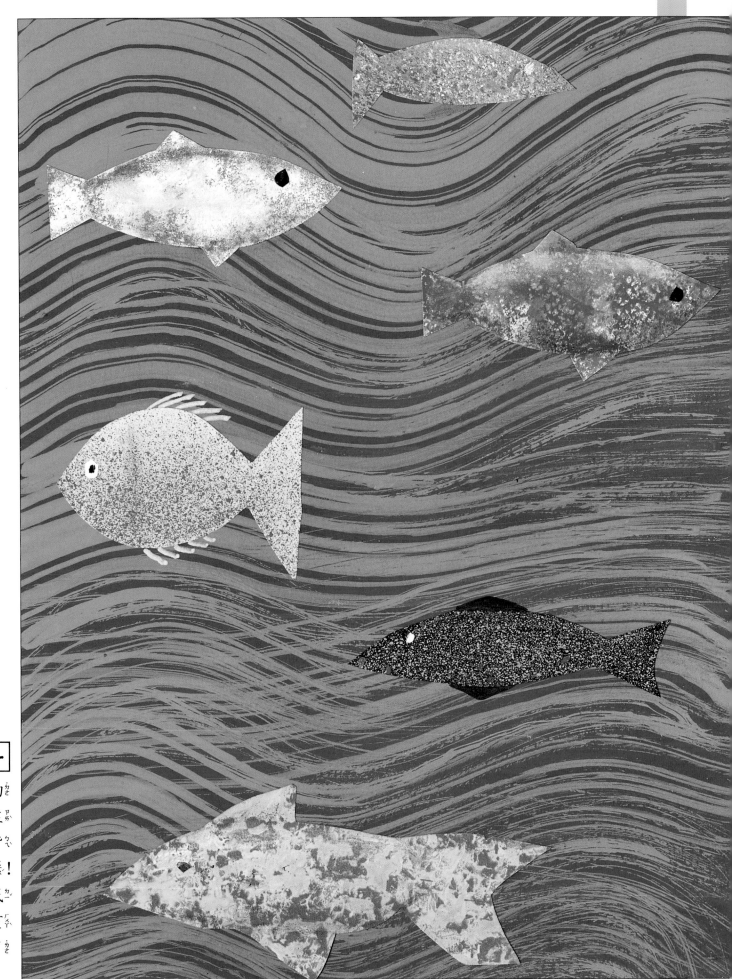

④

把各種的魚兒黏在藍色的背景上。瞧！一幅海底世界的畫便完成了耶！

詞彙說明

印刷　把圖案印在另外一個物體上面。

留白　表面保留不畫的部分。

技巧　製作一種東西的方法。

阿拉伯樹膠　一種透明的黏膠。

拼貼畫　把各種不同材質的原料組合、黏貼在一起做成的畫。